LOS 50 LUGARES MÁS MISTERIOSOS DEL MUNDO

TEXTO: BRIAN FRESCHI – ILUSTRACIONES: DOMENICO RUSSO

Picarona

CONTENIDOS

**Este viaje alrededor del mundo se detiene en los 50 lugares más misteriosos del planeta.
¿Estás listo para embarcarte en una aventura?**

NORTEAMÉRICA
CENTROAMÉRICA
SUDAMÉRICA
EUROPA
ÁFRICA
ANTÁRTIDA
OCÉANO ATLÁNTICO
OCÉANO ATLÁNTICO
OCÉANO PACÍFICO
1
2
3
4
5
6
7
8
9
10
11
12
13
15
16
22
23
37
38
39
40
41
42
43
44
45
46
47
48
49
50

Océano Ártico
ASIA
14
19
17
18
24
20
21
29
27
28
30
31
Océano Pacífico
32
35
25
26
36
33
Océano Índico
AUSTRALIA
34
¡VAMOS!

STONEHENGE

· GRAN BRETAÑA ·

Llanura de Salisbury, condado de Wiltshire, sur de Inglaterra

Construido entre el 3100 a. C. y el 1600 a. C.

«Más arriba, más arriba. Espera, a la derecha, un poco más, un poco más…, perfecto».
Así nos gusta imaginar a los britanos mientras colocaban ENORMES PIEDRAS de entre 3 y 20 toneladas para dar vida a uno de los sitios más enigmáticos de la humanidad: Stonehenge. **LÁSTIMA QUE OLVIDARON DEJARNOS EL MANUAL DE INSTRUCCIONES, PORQUE EL PROPÓSITO DE ESTE ANILLO DE MEGALITOS SIGUE SIENDO UN MISTERIO.**

«¡Unos druidas obsesionados con las estrellas lo construyeron!», dijo el anticuario John Aubrey en 1640.

«Esos druidas eran mejores científicos que yo», pensó, avergonzado, Isaac Newton.

«¡No, es de la Edad de Bronce! Mirad este cuenco encontrado cerca», exclamó el arqueólogo John Lubbock en 1840.

Erigido en distintas etapas a lo largo de milenios, algunos de estos enormes bloques parecen haber sido transportados originalmente desde Gales, a unos 240 km de distancia. **¡EL «CÓMO» ES LA CLAVE DEL MISTERIO!**

ALGUNOS DICEN QUE FUE UN OBSERVATORIO ASTRONÓMICO DEBIDO A SU ALINEACIÓN CON EL SOL DURANTE LOS SOLSTICIOS, OTROS CREEN QUE FUE UNA NECRÓPOLIS PARA FIGURAS IMPORTANTES Y ALGUNOS LO VEN COMO UN CENTRO CULTURAL PARA SACERDOTES.

LAGO NESS

· GRAN BRETAÑA ·

TIERRAS ALTAS DE ESCOCIA, SUROESTE DE INVERNESS

LONGITUD: 37 KM - PROFUNDIDAD MÁXIMA: 230 M

Ahora estás en un pequeño bote sobre las turbias aguas de uno de los lagos más famosos del mundo. Tu misión es sencilla: ¡probar la existencia de una LEYENDA que tiene más de 1000 años!

¿QUÉ LEYENDA?, PREGUNTAS. ¡NESSIE, POR SUPUESTO!
AGARRA TU CÁMARA ANTES DE QUE...
OH, DA IGUAL, SÓLO ERA UNA RAMA.

Formado hace 10 000 años durante la última glaciación, el lago Ness contiene más agua que todos los lagos de Inglaterra y Gales juntos. Sin embargo, lo que realmente lo hace famoso es la increíble criatura que parece habitar sus profundidades y que atrae hordas de turistas y fanáticos de los extraterrestres (obviamente).

¡Piénsalo! El primer avistamiento ocurrió en el año 565 d. C., por el monje irlandés san Columba: *«¡Necesitamos un bote! Vamos, nada hasta la otra orilla y tráelo»*, le dijo a uno de sus compañeros de viaje. Lástima que, según la leyenda, el pobre hombre fue atrapado por algo en el agua: ¡un monstruo!

En 1933, una pareja contó a un periódico local que había visto un animal prehistórico justo al lado del lago. Un año después, en 1934, el médico Robert Kenneth Wilson publicó la fotografía que convirtió a Nessie en el plesiosaurio más famoso del momento. Excepto que… ¡era un submarino de juguete!

¿Quizás se esconde en una cueva? ¿Quizás en realidad es una anguila? ¿Cómo podría vivir un dinosaurio durante 70 millones de años? Tantas preguntas sin respu... ¡Whoaaa!

¡Ahí está! No, espera... otra rama.

CUEVA DE FINGAL

• GRAN BRETAÑA •

ISLA DE STAFFA, HÉBRIDAS INTERIORES

TAMAÑO: 85 M DE LONGITUD CON UN TECHO ABOVEDADO DE 20 M

¿Y si te dijera que las obras de arte y las composiciones musicales no sólo se inspiran en cursis historias de amor, sino también en… CUEVAS? **ÉSE ES EL CASO DE LA CUEVA DE FINGAL, UNA CUEVA MARINA DESCUBIERTA EN 1772 POR EL NATURALISTA JOSEPH BANKS, Y NOMBRADA EN HONOR A FINGAL MAC CUMHAILL, UN HÉROE QUE, SEGÚN LA LEYENDA, CONSTRUYÓ UN CAMINO PARA CONECTAR ESCOCIA E IRLANDA.**

Se formó hace 60 millones de años por un flujo de lava que se endureció en formas hexagonales, creando enormes columnas, cuando las olas penetran en sus paredes, producen enigmáticos ecos. **DE HECHO, LA CUEVA ES CONOCIDA COMO UAMH-BINN, QUE EN GAÉLICO SIGNIFICA «CUEVA DE LA MELODÍA».**

Durante siglos, este misterio no sólo ha influenciado a pintores y compositores…

… TAMBIÉN HA ATRAÍDO A NUMEROSOS VISITANTES ILUSTRES, COMO EL ESCRITOR JULIO VERNE, LOS MÚSICOS DE PINK FLOYD E INCLUSO ¡LA REINA VICTORIA!

SAN JUAN DE GAZTELUGATXE

· ESPAÑA ·
PROVINCIA DE VIZCAYA, PAÍS VASCO
LONGITUD: 3,4 KM - DESNIVEL: 286 M

San Juan de Gaztelugatxe (ahora intenta decirlo cinco veces rápido) es una isla rodeada por el mar Cantábrico y el monte Burgoa, conectada a tierra firme por un puente del siglo XIV.

¿Te lo imaginas? A lo largo de los siglos ha cambiado mucho debido a guerras, incendios y saqueos de corsarios, e incluso ha sido utilizada como prisión para mujeres acusadas de brujería.

CAMINA, SIGUE CAMINANDO Y, A 80 M SOBRE EL NIVEL DEL MAR, TRAS UN SENDERO ESTRECHO CON UNOS 231 ESCALONES, LLEGARÁS FRENTE A LA PEQUEÑA ERMITA DEL SIGLO X DEDICADA A SAN JUAN BAUTISTA.

SI LOGRAS SOBREVIVIR A LA LARGA SUBIDA, NO OLVIDES TOCAR LA CAMPANA TRES VECES... ¡SE DICE QUE CONCEDE DESEOS!

QUINTA DA REGALEIRA

· PORTUGAL ·

Ciudad de Sintra, en el área metropolitana de Lisboa

Construcción: entre 1904 y 1911 - Profundidad: 27 m

¿Sabías que en Portugal hay un pozo sin agua que parece tener miles de años, pero que en realidad fue construido a principios del siglo xx por un excéntrico (y muy rico) MASÓN?

Se trata del Poço Iniciático en la Quinta da Regaleira, una enorme finca cubierta de jardines, palacios, lagos, fuentes, cuevas laberínticas... y salpicada de símbolos misteriosos y esotéricos.

El terreno perteneció a un empresario llamado Carvalho Monteiro, quien, con la ayuda del arquitecto Luigi Manini, creó un lugar absolutamente único para expresar su amor por el estilo gótico, romano, renacentista y cualquier otra corriente arquitectónica que se le ocurriera. Lo más llamativo es el Poço Iniciático: este «pozo de iniciación» parece una torre invertida. Está lleno de símbolos, con una escalera en espiral, 23 pequeños nichos laterales, una brújula de piedra con forma de cruz templaria en el fondo y 4 túneles subterráneos.

Monteiro casi con certeza fue un iniciado en la Orden de los Caballeros Templarios, una antigua orden católica medieval, y muchos creen que el pozo era el escenario de rituales llenos de personas con los ojos vendados y espadas en mano.

CUEVAS ALQUÍMICAS

· ITALIA ·
UBICACIÓN: TURÍN
CONSTRUCCIÓN: SIGLO IX

¿Y si te dijera que puedes visitar tres lugares húmedos, oscuros y llenos de misterios mágicos que quizás ni siquiera existen? ¡ES BROMA! No puedes…, pero admito que desperté tu curiosidad.

SEGÚN LA LEYENDA, BAJO LA CIUDAD DE TURÍN EXISTEN TRES CUEVAS ALQUÍMICAS QUE CONECTAN DIFERENTES IGLESIAS Y PALACIOS. ERAN EL TIPO DE LUGAR DONDE LOS ALQUIMISTAS SE REUNÍAN A HABLAR DE QUÍMICA Y ASTROLOGÍA DURANTE SU DESCANSO PARA EL CAFÉ. LÁSTIMA QUE... ¡NADIE SABE DÓNDE ESTÁN!

Según los expertos, la primera cueva tiene el tamaño de un carro y realmente fue usada por los gobernantes como una sala secreta. La segunda, al parecer, podría llegar hasta la iglesia de Gran Madre di Dio, donde supuestamente se reunía un oscuro culto egipcio. La tercera, en cambio, se dice que contiene la famosísima piedra filosofal, el talismán capaz de otorgar la vida eterna y convertir los metales comunes en oro.

¿Y SI FUERAN PORTALES A MUNDOS PARALELOS?
PODRÍA SER...

JARDINES DE BOMARZO

·ITALIA·
PROVINCIA DE VITERBO
AÑO DE CONSTRUCCIÓN: 1547

Cansado de tantos viajes, decides pasar una tarde tranquila en un parque de atracciones…, aunque no se parece en nada al de los folletos. Para empezar, no hay montaña rusa. Y… está lleno de MONSTRUOS.

Bueno, parece que tomaste un giro equivocado otra vez y terminaste en los Jardines de Bomarzo, también conocidos como Parque de los Monstruos.
Todo comenzó cuando el príncipe Vicino Orsini encargó al arquitecto Pirro Ligorio y al escultor Simone Moschino la creación de numerosas estatuas y estructuras de basalto para aliviar su dolor por la pérdida de su amada esposa, Giulia Farnese. Llamado la Selva Sagrada, diseñaron un laberinto de animales y deidades inmerso en un bosque de coníferas y árboles de hoja caduca, con un toque de mitología y alquimia para darle más misterio.

Las estatuas varían en tamaño y muchas están grabadas con inscripciones enigmáticas que aún dejan perplejos a los estudiosos.

Así que, ¡comencemos el recorrido! Esfinges, ninfas, delfines, elefantes con legionarios romanos atrapados en sus trompas, dragones alados, gigantes golpeándose entre sí, tortugas y ballenas mirándose fijamente, ogros aterradores con la boca abierta, casas inclinadas que te hacen perder el equilibrio…
¡Hay tantas cosas que pierdes la cuenta!

**Y pensar que, tras la muerte del príncipe, el parque estuvo abandonado durante 400 años.
No fue restaurado hasta mediados del siglo XX.**

No está mal, no está mal... ¡Quizás incluso mejor que una noria!

LOS ALINEAMIENTOS DE CARNAC

· FRANCIA ·
Lorient, departamento de Bretaña
Construcción: V milenio - III milenio a. C.

Estás en el campo francés y sientes que ya has estado aquí antes. ¡Es como si ya hubieras visto y fotografiado todos estos enormes ALINEAMIENTOS, que se extienden hasta donde alcanza la vista! ¿Quizás tomaste demasiadas bebidas con gas y te falló la memoria? ¡Naah! Simplemente estás en Carnac, rodeado por sus misteriosos alineamientos megalíticos… ¡Algo así como los de Stonehenge!

Menhires individuales (piedras en posición vertical) y grupos de piedras llamados dólmenes se extienden a lo largo de kilómetros entre las zonas de Kermario, Kerlescan y Ménec, alcanzando la asombrosa cantidad de 3000 megalitos dispuestos en filas y abanicos. Uno de ellos es también el menhir más grande del mundo: 20 metros de altura y 300 toneladas de roca maciza.

Todo muy impresionante, pero… ¡nadie sabe quién los erigió ni con qué propósito! Ciertas disposiciones realmente recuerdan la forma de un templo, por lo que quizás fueron utilizados como lugares religiosos o para enterrar a personajes ilustres. Como Julio César, en guerra con los celtas… Sin mencionar que, según la leyenda, esas rocas son en realidad legiones romanas convertidas en piedra.

¡Pero no digas tonterías! Estos megalitos son mucho más antiguos.

Bueno, entonces quizás fueron construidos por los cazadores-recolectores que vivieron en la zona. Eran tan aventureros que incluso conocían a las ballenas y ¡las dibujaban en las piedras!

¡QUE COMIENCE EL DEBATE
SOBRE LAS PIEDRAS!

CATACUMBAS DE PARÍS

· FRANCIA ·

ENTRADA EN PLACE DENFERT-ROCHEREAU - INAUGURACIÓN: 7 DE ABRIL DE 1786

¡ESQUELETOS, ESQUELETOS POR TODAS PARTES! Y no son de ésos simpáticos que brillan en la oscuridad, como los que cuelgas en Halloween. Son reales y muy aterradores.

CORRE LO MÁS RÁPIDO QUE PUEDAS HACIA LA ESCALERA QUE LLEVA A UNA LUZ... HAS LLEGADO A LA TIENDA DE REGALOS, ¡SANO Y SALVO!

UNA COSA ES SEGURA: ¡NUNCA MÁS VISITARÁS LAS CATACUMBAS DE PARÍS SOLO!

También conocidas como el imperio de los muertos, las catacumbas tienen una profundidad de 20 a 30 metros y albergan los restos de aproximadamente 6 millones de personas. Todo comenzó a finales del siglo XVIII, cuando se cerraron Les Innocents y todos los demás cementerios parroquiales locales. La razón era simple: la gente había sido enterrada en fosas comunes durante siglos y ¡ya no había más espacio! Esto causó una gran cantidad de problemas, desde enfermedades (mucho peores que un simple resfriado) hasta vecinos que se quejaban del hedor.

Así que, cargaron todos los huesos en grandes carretas y, de noche, entre 1786 y 1814, los trasladaron a las antiguas canteras bajo París, que tenían cientos de kilómetros y estaban abandonadas tras haber provocado el derrumbe de varias carreteras. En 1809, algunas partes de las catacumbas fueron abiertas al público amante de lo macabro y misterioso. ¡Incluso Napoleón hizo un recorrido por ellas!

¿TE PREGUNTAS POR QUÉ LOS ÚNICOS HUESOS QUE VES SON CRÁNEOS, PIERNAS Y BRAZOS? BUENO, ESO ES PORQUE LOS DEMÁS SE USARON PARA RESTAURAR LAS PAREDES DAÑADAS.

PUENTE DEL DIABLO

· ALEMANIA ·

KROMLAU PARK, MUNICIPIO DE GABLENZ, SAJONIA

CONSTRUCCIÓN: ENTRE 1866 Y 1875

¿Sabías que hay docenas de puentes perfectamente arqueados que, según dicen, fueron construidos por el DIABLO en persona? ¿No? Bueno, déjame contarte otro secreto… ¡Estás parado justo encima de uno! ¡Sorpresa!

EL RAKOTZBRÜCKE SE ENCUENTRA EN KROMLAU, UN PARQUE MUY FOTOGRAFIADO POR LOS AMANTES DE LAS FLORES GRACIAS A SUS HERMOSOS RODODENDROS. EL CABALLERO LOCAL, FRIEDRICH HERRMANN RÖTSCHKE, ENCARGÓ A UN MISTERIOSO ARQUITECTO LA CONSTRUCCIÓN DE ESTE PUENTE PARA QUE LA GENTE PUDIERA CRUZAR EL RÍO RAKOTZSEE.

Con 19,8 metros de largo y anclado por columnas de basalto a ambos lados, este puente no sólo es impresionante, sino que además es capaz de formar un círculo perfecto al reflejarse en el agua. Eso, por supuesto, ha dado lugar a una infinidad de leyendas, tanto divertidas como escalofriantes.

Algunas personas creen que el círculo es un portal a otra dimensión, mientras que otros aseguran que si pasas bajo él durante la Luna llena obtendrás superpoderes. ¡Pero las mejores leyendas son, sin duda, las que hablan del Diablo! El cuento más popular narra un pacto entre el Diablo y un arquitecto. «¡Amigo mío! –dijo el Diablo–. Te construiré un puente perfecto, y a cambio quiero el alma de la primera persona que lo cruce». Pero el hombre era bastante astuto y dejó pasar a un perro primero, engañando al demonio.

Evidentemente, era más amante de los gatos.

LA SELVA NEGRA

· ALEMANIA ·
ESTADO DE BADEN-WÜRTTEMBERG
SUPERFICIE: 6009 KM^2

Niebla, brujas, monasterios, fortalezas, HOMBRES LOBO…
No, no estoy hablando de la última tarea de escritura con temática de fantasía que te dio tu profesor. ¡Estoy hablando de la Selva Negra!
Llamada «Negra» por la densa extensión de abetos y hayas, este bosque montañoso alberga vistas impresionantes, pintorescos pueblos, deliciosos postres e incluso leyendas centenarias.

Como Schlossberg, la colina donde los fantasmas se esconden entre los árboles, o Mummelsee, un lago donde las sirenas madrugadoras intentarán capturarte (sí, al parecer existen sirenas de agua dulce). Pero los fantasmas de los dos monjes malvados de la abadía de San Blas no son cosa de risa. Por suerte, un monje capuchino logró atraparlos y arrojarlos desde el Feldberg, la montaña más alta de la zona.

ESTE BOSQUE ES TAN MISTERIOSO QUE ALGUNOS CUENTOS DE LOS HERMANOS GRIMM, COMO CAPERUCITA ROJA O HANSEL Y GRETEL, ESTÁN AMBIENTADOS PRECISAMENTE AQUÍ.

BOSQUE TORCIDO

·POLONIA·

PUEBLO DE NOWE CZARNOWO, VOIVODATO DE POMERANIA OCCIDENTAL

SUPERFICIE: 0,5 HA

¿Estás cansado de hacer siempre lo mismo?
Desayunar a la misma hora, ir a la escuela a la misma hora, hacer la tarea a la misma hora, todos los días.
¿No sería genial un poco de CAMBIO de vez en cuando?

¡PUES ESO MISMO DEBIERON PENSAR LOS PINOS SILVESTRES DEL BOSQUE CERCA DEL PUEBLO DE GRYFINO CUANDO DECIDIERON TORCERSE Y CURVARSE MIENTRAS CRECÍAN! PLANTADOS EN LA DÉCADA DE 1930, HOY QUEDAN UNOS 100 DE ELLOS. SON INCREÍBLES POR SU FORMA: SUS TRONCOS ESTÁN DOBLADOS 90 GRADOS HACIA EL NORTE, A UNOS 10-50 CM DEL SUELO, LUEGO SE CURVAN ENTRE 1 Y 3 METROS ANTES DE VOLVER A CRECER VERTICALMENTE.

¡Básicamente parecen signos de interrogación al revés! ¿Lo mejor de todo? Nadie sabe por qué. La teoría más aceptada es que alguien los guió para que creciesen así cuando eran jóvenes, ya que la madera arqueada es útil para fabricar sillas, barcos o trineos.

ALGUNOS INCLUSO DICEN QUE FUERON TANQUES DE LA SEGUNDA GUERRA MUNDIAL LOS QUE LOS APLASTARON, O TORMENTAS DE NIEVE LAS QUE LOS DOBLARON.

LUCES DE HESSDALEN Y AURORA BOREAL

· ESCANDINAVIA ·

Luces de Hessdalen: Noruega, a unos 100 km al sureste de Trondheim

Aurora boreal: hemisferio norte, en Noruega, Groenlandia, Finlandia y Suecia

¿Recuerdas ese puntero LÁSER que te regalaron por tu cumpleaños y que usas para volver loco a tu gato? ¿Qué pasaría si te dijera que algo parecido también ocurre en la naturaleza y que, en vez de volver locos a los gatos, vuelve locas a las personas?

En el valle cercano al pueblo de Hessdalen, los habitantes han visto extrañas luces de formas geométricas flotando en el cielo desde la década de 1930. A veces duran unos segundos, otras veces ¡horas enteras! A veces se mueven lentamente, otras veces parpadean y zigzaguean al azar. Pueden ser tan grandes como coches; aparecer solas o en grupo; ser blancas, azules o rojas... ¡Y estar acompañadas de múltiples destellos en el cielo!

¡El tipo de cosas que realmente te vuelan la cabeza!
Las luces de Hessdalen siempre han puesto nerviosos a los físicos de todo el mundo.

«¡Se forman por la combustión del polvo en suspensión!».

«¡No! ¡Son causadas por la descomposición de elementos químicos!».

«¡Estás totalmente equivocado! ¡Son baterías naturales creadas gracias a minerales metálicos combinados con agua cargada de azufre!».

En fin, casi llegan a las manos.
Pero en Escandinavia, los fenómenos luminosos no son tan raros.

Simplemente piensa en la aurora boreal. Una combinación alucinante de bandas de luz que ocurren en un gigantesco anillo llamado óvalo auroral. La receta para crear estas luces del norte es muy sencilla: las megaexplosiones del Sol liberan partículas de energía que son empujadas hacia los Polos Norte y Sur de la Tierra. Al ganar carga eléctrica, chocan con átomos y moléculas de gas en la atmósfera, generando estallidos de color.

En realidad, este fenómeno no es exclusivo de la Tierra. También ocurre en Júpiter, Saturno, Urano y Neptuno.

Hey... ¿te ha arañado el gato?
Bueno, ¡te lo merecías!

BOSQUE DE HOIA BACIU

· RUMANÍA ·

OESTE DE LA CIUDAD DE CLUJ-NAPOCA, REGIÓN DE TRANSILVANIA

SUPERFICIE: 3 KM^2

¿Sabías que hay un pequeño bosque en la frontera norte de Rumanía que, según la leyenda local, alberga OVNIS (sí, otra vez ellos), extrañas luces brillantes, fenómenos magnéticos inexplicables, fantasmas y otras criaturas misteriosas, todo al mismo tiempo? ¿No?

BUENO, AHORA LO SABES, Y TAMBIÉN PUEDES OLVIDARTE DE DORMIR TRANQUILO.

El bosque de Hoia Baciu es un destino muy popular entre excursionistas, deportistas, viajeros y turistas. Pero, en realidad, es el escenario de más de un misterio.

A pesar de que el bosque tiene al menos dos siglos de antigüedad, muchos de sus árboles parecen siempre jóvenes y enclenques, como si se negaran a crecer. Además, algunos claros son perfecta y exactamente circulares: no crece ni una sola brizna de hierba allí, y nadie sabe por qué.

Por si fuera poco, muchos dicen que personas y animales han desaparecido entre sus troncos a lo largo de los años, y algunos incluso creen que todo el bosque es el hogar del Diablo.

Así que sí, explorar el bosque en bicicleta es encantador…

… Aunque quizá, sólo en este caso, sea mejor quedarse en casa, plantado frente al televisor.

COLINA DE KRUDUM

· REPÚBLICA CHECA ·

Región de Karlovy Vary, bosque de Slavkov · Altitud: 839 m sobre el nivel del mar

Por tu cumpleaños, tus padres te regalaron unas botas nuevas para hacer senderismo. ¿Hubieras preferido figuras de acción de tus superhéroes favoritos? ¡QUÉ LÁSTIMA! Porque ahora tienes que hacer otra caminata más hasta la cima de una colina.

La colina de Krudum, cubierta de abetos de Noruega, ha guardado leyendas realmente interesantes durante siglos. Especialmente aquéllas relacionadas con las ruinas de la iglesia de San Nicolás.

Ubicada en una ruta comercial entre la ciudad húngara de Eger y Praga, la iglesia fue muy útil para los aldeanos, peregrinos, comerciantes y mineros de la zona. En 1253, fue donada a la Orden de los Caballeros de la Cruz con la Estrella Roja. Pero con el tiempo, debido al cierre de las minas y a la guerra de los Treinta Años, todo el mundo se olvidó de ella.

Desde entonces, se han contado historias de todo tipo. Como que los fantasmas de los mineros aún van a misa, o que hay un gran tesoro escondido entre sus ruinas.

Se dice que una vez se encontró una piedra celta con inscripciones que indicaban un lugar para excavar… Pero luego desapareció.

¡Pasadlo bien buscando tesoros!

LABERINTO DEL CASTILLO DE BUDA

· HUNGRÍA ·

Ciudad de Budapest - Longitud: 3,3 km - Profundidad: de 12 a 16 m

Cuando te llevaron de excursión al castillo de Buda, probablemente no esperabas estar frente a lo que podría ser el edificio GÓTICO más famoso de la Baja Edad Media, donde los emperadores húngaros pasaban mucho tiempo mostrándole al mundo lo importantes que eran. Pero lo que realmente nos interesa no está arriba: ¡ESTÁ DEBAJO!

En los giros y vueltas del lado sur de Castle Hill se encuentra el Budavári Labirintus, un enredado conjunto de túneles, galerías subterráneas y pasadizos que harían perderse incluso a un fantasma.

Básicamente, es un laberinto oscuro lleno de niebla y aire rancio. Piensa en esto: estas cuevas subterráneas, que se extienden por kilómetros, se formaron hace millones de años y fueron habitadas por los primeros humanos.

A lo largo de los siglos han servido para todo: refugios contra incendios, bodegas repletas de vino, almacenes de alimentos, escondites de tesoros misteriosos y valiosos, harenes turcos, hospitales durante la Segunda Guerra Mundial... ¡Lo que sea!

Durante más de una década, también fueron la «casa de vacaciones» de un huésped muy especial: VLAD III. Este noble y líder guerrero disfrutaba empalando a quienes le llevaban el café tibio. Fue la inspiración para el conde Drácula.

¿Dije «casa de vacaciones»? Oh, lo siento, quise decir «prisión donde fue torturado».

DARGAVS

· RUSIA ·

República de Osetia del Norte-Alania,
cerca del río Gizel'don

Entre los claros aislados y las montañas de Osetia, hay un lugar que parece sacado de un CUENTO DE HADAS, aunque en realidad… ¡es muy aterrador! **¿Por qué? Bueno, porque está formado por muchas adorables casitas... llenas de esqueletos. Cerca del pueblo de Dargavs se encuentra una necrópolis conocida como la «Ciudad de los Muertos», construida por los osetios, un antiguo grupo étnico iranio.**

Está compuesta por la increíble cantidad de 99 tumbas y criptas de hasta cuatro pisos de altura, y parece que la más antigua data del siglo XII. Construidas en el característico estilo Nakh, estas estructuras de mampostería de bloques de piedra tienen pequeñas «ventanas» que albergan a los difuntos. En el punto más alto, hay una torre desde la cual se vigila a los muertos. ¡Dios nos libre de que decidan salir a estirar las piernas! Según la leyenda local, aquellos que entran al cementerio no vuelven a salir con vida.

¿Un cuento para ahuyentar a los saqueadores de tumbas... o hay algo de verdad en ello? Si tienes el valor de averiguarlo, ¡adelante!

ESTRUCTURAS DE HUESOS DE MAMUT

· UCRANIA Y RUSIA ·

Ucrania y las estepas de Rusia occidental

Ahora que te has vuelto un entusiasta de los HUESOS, ¿sueñas con hacer maquetas de tus favoritos en tu habitación? Espera a escuchar esto… Esta vez no se trata de huesos humanos. Estamos hablando de… ¡HUESOS DE MAMUT!

Hace entre 23 000 y 18 000 años, nuestros ancestros vivieron en un clima extremadamente frío, es decir, en la última Edad de Hielo. Era tan gélido que las temperaturas alcanzaban los -20 °C o menos (y no, no había calefactores ni mantas mullidas para calentarse por la noche).

Allí fuera, buscando refugio y agua, también había muchísimos mamuts.

Así que los hombres primitivos pensaron:

«¡Mira qué grandes son! ¡Podríamos construir casas o algo más con esos huesos!».

Y así lo hicieron. Cerca del pequeño pueblo de Kostenki, en Rusia, se encontró recientemente la estructura circular más grande de todas, compuesta por 51 mandíbulas y 64 cráneos… ¡de mamuts!

El problema es que nadie sabe para qué servía.
¿Era una casa? ¿Una despensa? ¿Un lugar para rituales?

Encogimiento de hombros… Pero no es la única. En toda la zona (también en Ucrania), se han encontrado al menos 70 de estas construcciones.

TÚNEL DEL AMOR

·UCRANIA·

Aldea de Klevan, Óblast de Rivne

Longitud: aproximadamente 5 km

Ahora estás caminando sobre una vía de tren rodeada de arcos verdes, arbustos y hojas de colores.

Un tren podría aparecer en cualquier momento, pero no tienes miedo: ¡este lugar es simplemente demasiado hermoso como para preocuparse por eso! Estás en el TÚNEL DEL AMOR, uno de los lugares más románticos y misteriosos del mundo.

Ubicada en la línea ferroviaria Kovel-Rivne, esta vía conecta la aldea de Klevan con una fábrica en la parte norte de Orzhiv, permitiendo el transporte de materiales de carpintería tres o cuatro veces al día. Bastó con que los trenes pasaran por el bosque durante décadas para MOLDEAR la vegetación a su alrededor. Los árboles crecieron cada vez más altos y sus ramas se extendieron sobre la vía, justo por encima del tren. El resultado es un espectáculo verdaderamente magnífico.

Según la leyenda, la vía fue creada por un joven ingeniero polaco católico de Orzhiv como una demostración de amor hacia una chica ortodoxa de Klevan, a pesar de la oposición de sus padres. ¿No es romántico?

Pero otros dicen que, durante la época soviética, los árboles fueron plantados tan cerca unos de otros a propósito, para ocultar el transporte de armamento militar.

Bueno, eso es un poco menos romántico... Pero ¡quién sabe!

PISCINAS TERMALES DE PAMUKKALE

· TURQUÍA ·

REGIÓN DE DENIZLI, SUROESTE DE TURQUÍA

SUPERFICIE: 1077 HA

Llevas varios metros avanzando a tientas, completamente cegado por una luz de origen desconocido. Sientes como si estuvieras en un desierto…, ¡un desierto TOTALMENTE BLANCO! Te topas con un manantial lleno de antiguas columnas sumergidas y tomas un sorbo del agua… ¡PUAJ! ¡Está caliente! No te preocupes, no estás alucinando. ¡Es sólo que has llegado a las piscinas termales de Pamukkale! **NO MUY LEJOS DE LA ANTIGUA CIUDAD DE HIERÁPOLIS, ESTAS PISCINAS SON UNO DE LOS BALNEARIOS MÁS ANTIGUOS DEL MUNDO. A LO LARGO DE LOS SIGLOS, FUERON UTILIZADAS POR MÉDICOS Y CURANDEROS PARA SUS PACIENTES (Y SEGURAMENTE ELLOS TAMBIÉN SE DIERON UN CHAPUZÓN).**

La palabra turca *Pamukkale* significa «castillo de algodón», y se llaman así por su deslumbrante superficie blanca, producto de manantiales de calcita que han fluido por la ladera de la montaña durante miles y miles de años. **EL RESULTADO ES UN CONJUNTO DE BRILLANTES Y RESBALADIZAS BAÑERAS NATURALES LLENAS DE AGUA MINERAL CALIENTE, A NO MENOS DE 36 °C.**

¿Y qué hay de esas columnas bajo el agua? Pues pertenecen a la piscina de Cleopatra, que, según la leyenda, fue construida por el romano Marco Antonio para su amada y poderosa reina egipcia.

UN GRAN TERREMOTO DURANTE EL REINADO DE NERÓN HIZO QUE COLAPSARAN Y SE HUNDIERAN, VOLVIENDO LA PISCINA AÚN MÁS MISTERIOSA.

NECRÓPOLIS DE GIZA

· EGIPTO ·

Meseta de Giza, a 25 km de El Cairo
Construida entre el 2575 a. C. y el 2465 a. C.

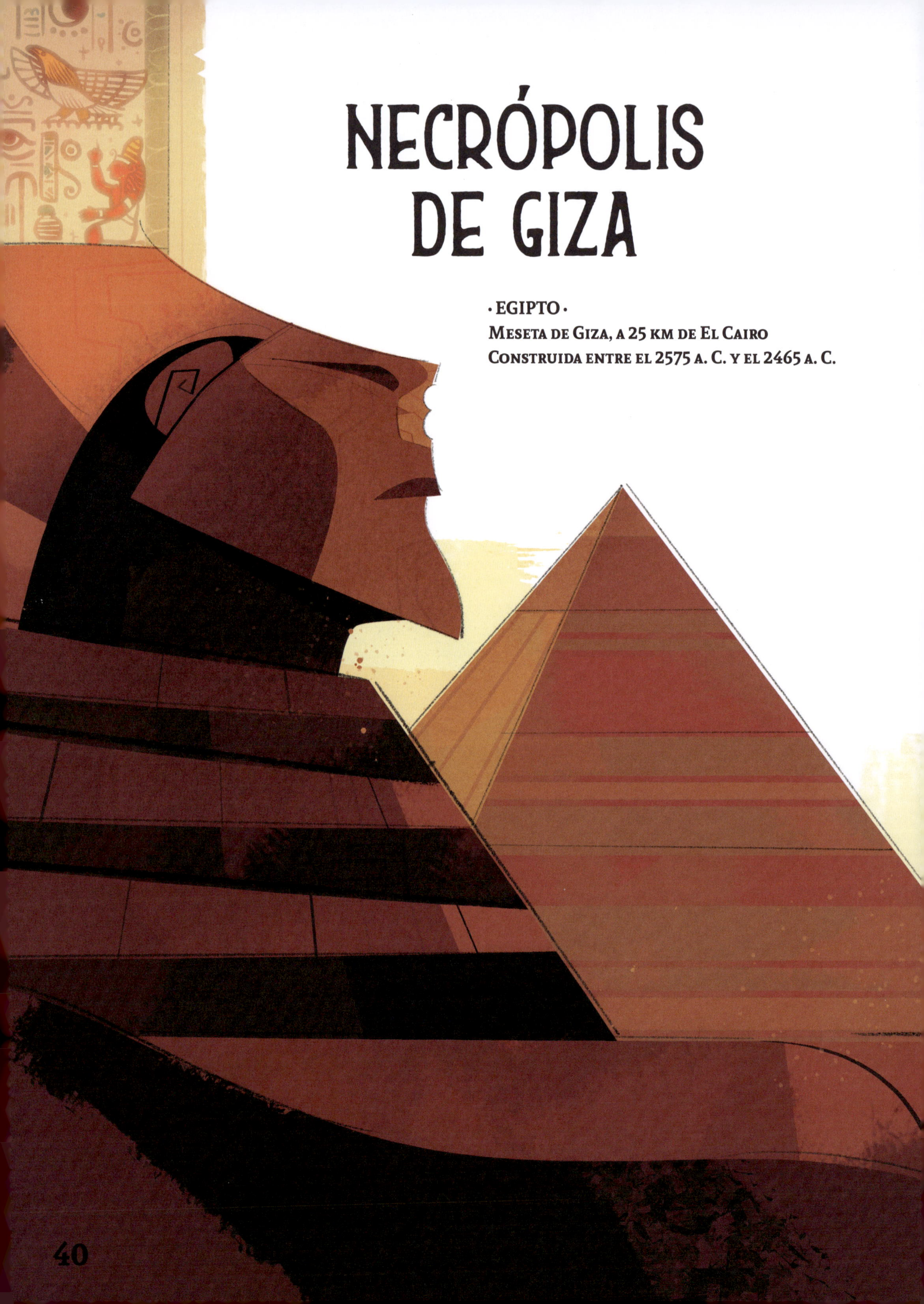

En el antiguo Egipto, los faraones eran poderosos reyes que se creía que eran DIOSES en la Tierra. Desde su nacimiento, vivían rodeados de lujos y, al morir, eran embalsamados y enterrados en sarcófagos llenos de objetos útiles para el más allá. Y, como si nada, algunos de ellos decían:

«Para mi funeral, quiero ser enterrado en un monumento altísimo, imponente y repleto de riquezas. ¡Conseguid cien mil artesanos, de inmediato!».

Así nació la necrópolis de Giza. Una de las Siete Maravillas del Mundo, está compuesta por las tres grandes pirámides de los faraones Keops, Kefrén y Micerinos… y, por supuesto, la Esfinge. ¿Eso es todo?

¡NO! ESTÁ LLENA DE MISTERIOS. COMO LAS MOMIAS DESAPARECIDAS DE LOS FARAONES, LA ALINEACIÓN DE LAS PIRÁMIDES CON EL CINTURÓN DE ORIÓN, Y EL MÉTODO QUE UTILIZARON PARA TRANSPORTAR MILLONES DE BLOQUES DE PIEDRA, CADA UNO DE VARIAS TONELADAS, HASTA EL SITIO.

¿Es realmente el rostro de Kefrén el que aparece en la Esfinge? ¿Y es cierto que bajo ese gigantesco felino se esconde una biblioteca secreta repleta de papiros con la historia de la Atlántida?

SIN MENCIONAR QUE MUCHOS CREEN QUE LOS ANTIGUOS EGIPCIOS RECIBIERON CIERTA AYUDA DE… ¡EXACTO! ¡ALIENÍGENAS!

PERO MEJOR SIGAMOS ADELANTE…

OJO DEL SAHARA

· MAURITANIA ·

DESIERTO DEL SAHARA, CERCA DE LA CIUDAD DE OUADANE

DIÁMETRO: 40 KM

Llevas horas bajo el abrasador Sol del Sahara, montado en un camello tambaleante. Te duele muchísimo el trasero, pero finalmente, en medio de la arena dorada del desierto, lo ves... ¡UN AGUJERO!

PERO NO ES UN AGUJERO CUALQUIERA... ESTÁS FRENTE A LA ESTRUCTURA DE RICHAT, TAMBIÉN CONOCIDA COMO EL OJO DEL SAHARA.

Ubicada en la meseta de adrar, es un domo erosionado dividido en anillos concéntricos formados por distintos tipos de rocas de colores. ¡Una auténtica fábrica de Willy Wonka para cualquier coleccionista de piedras que se precie!

¿CÓMO OBTUVO ESTA EXTRAÑA FORMA? BUENO, ES SENCILLO: LAS ROCAS NO SE EROSIONAN TODAS A LA MISMA VELOCIDAD NI DE LA MISMA MANERA. EL RESULTADO FINAL ES UN CONJUNTO DE FORMAS Y COLORES TOTALMENTE ALOCADO.

Al principio, la gente pensó que era el cráter de un enorme meteorito, ¡y hasta pidieron a los astronautas que lo observaran desde el espacio!

Pero hoy en día, se cree que todo comenzó hace unos 100 millones de años, cuando el supercontinente Pangea se estaba fracturando. Esto empujó enormes cantidades de magma hacia arriba, formando un domo que, tras una segunda erupción, terminó abriéndose (algo así como un grano).

Décadas de erosión después, el Ojo tomó la forma que conocemos hoy.

CÍRCULOS DE HADAS

· NAMIBIA ·

EXTREMO ORIENTAL DEL DESIERTO DEL NAMIB

DIÁMETRO: DE 3 A 20 M

Casi parecen garabatos en un cuaderno. O en tu tarea cuando no tienes ni idea de la respuesta. Pero aquí, desde luego, no estás en la escuela. Primero, porque no hay profesores (¡yujuu!). Segundo, porque estás rodeado de miles de extraños ANILLOS de hierba *Stipagrostis*, sin absolutamente nada en su centro.

Se llaman círculos de hadas y aparecen con frecuencia en los prados arenosos del desierto del Namib, en África. Fueron mencionados por primera vez en la década de 1920, y luego se hicieron tan famosos que un investigador se obsesionó con ellos.

Con un ciclo de vida de 30 a 60 años, fueron utilizados por el pueblo himba desde tiempos inmemoriales para el pastoreo de su ganado. Pero ¿cuál es su secreto? Las tribus de Namibia hablan de espíritus y divinidades, pero los investigadores lo ven de otra manera.

Algunos afirman que son provocados por metano subterráneo, que impide el crecimiento de nuevas hierbas. Y hay quienes proclaman que es una especie de «guerra vegetal», en la que la *Stipagrostis* absorbe toda el agua.

Otros dicen: *«¡No! La culpa es de las termitas de arena, que devoran las raíces donde están sus nidos. Mira, ¡se encuentran en el 80 % de estos círculos!».*

Pero hasta hoy, nadie ha descubierto la verdad, y los círculos siguen siendo uno de los fenómenos naturales más misteriosos del planeta.

PUERTAS AL INFIERNO

·TURKMENISTÁN·

CERCA DEL PUEBLO DE DARVAZA, PROVINCIA DE AHAL

AÑO DE CREACIÓN: 1971

¿Sabías que hay un ENORME agujero en llamas en el desierto de Karakum donde el fuego nunca se apaga? (No, esto no es una excusa para hacer un viajecito y «accidentalmente» tirar tus tareas dentro).

Es también conocido por muchos otros nombres, como la Puerta al Infierno, el cráter de gas de Darvaza tiene un diámetro de aproximadamente 70 metros, una profundidad de al menos 20 metros, y lleva ardiendo sin parar más de 50 años.

Toda la zona, de hecho, es un gigantesco depósito de gas natural y combustibles fósiles llamado Amu-Darya, y hace décadas, unos geólogos dijeron:
«¡Vamos, cavemos un poco aquí y otro poco allá, seguro que encontramos petróleo!».

Lástima que se emocionaran demasiado. Toda la instalación de investigación colapsó, creando una enorme caverna llena de metano tóxico.
«¡Oh, no!», exclamó otro investigador, temblando de pies a cabeza.
«¡Este gas podría ser peligroso! Encendamos un fuego para que se consuma».
Pero hasta hoy, el fuego no muestra señales de querer apagarse.

Esta hoguera eterna también ha dado lugar a muchas leyendas: se dice que en realidad fue causada por un meteorito, que las arañas se lanzan al cráter por razones misteriosas, y que los gases vienen directamente del infierno.

Pequeña nota: este lugar no es recomendable para quienes disfrutan del fresco clima invernal.

VAITHEESWARAN KOIL

• LA INDIA •
ESTADO DE TAMIL NADU •
AÑO DE CONSTRUCCIÓN: SIGLO XI

Has visto de todo y has enfrentado cada viaje misterioso imaginable, excepto uno: el de descubrir tu FUTURO.
No, no me comí un montón de helado y luego soñé con ello. ¡Es real! Pero para hacerlo, tienes que viajar muy lejos. Hasta LA INDIA.

VAITHEESWARAN KOIL (INTENTA DECIRLO CINCO VECES RÁPIDO) ES UN TEMPLO HINDÚ DEDICADO A LA DEIDAD SHIVA, UN AUTÉNTICO MAESTRO DE LA SANACIÓN. DE HECHO, DENTRO DEL TEMPLO HAY AGUAS INFUSIONADAS CON NÉCTAR CURATIVO PARA TRATAR ENFERMEDADES, E INCLUSO UN SAGRADO ÁRBOL DE NEEM MEDICINAL.
Pero espera, ¡hay más!

Dentro de sus muros también se practica la astrología nadi, un método que predice el futuro a través de montones de hojas de palma secas.

Según la leyenda, siete sabios recibieron un conocimiento divino sobre el destino de todas las personas del mundo (incluso las que aún no habían nacido), ¡y luego se dedicaron a contárselo a la gente! Sus visiones se transmitieron oralmente durante miles de años antes de ser escritas en hojas de palma, en sánscrito.

Familia, éxito, amor, salud…, ¡lo que quieras! Una vez que encuentras la hoja correcta, tras un largo ritual y un análisis aún más largo por parte de los lectores de hojas del templo, puedes conocer todo sobre tu futuro.

No sé si podrán decirte qué nota sacarás en Matemáticas..., pero definitivamente no voy a detenerte si quieres intentarlo.

ISLA SENTINEL DEL NORTE

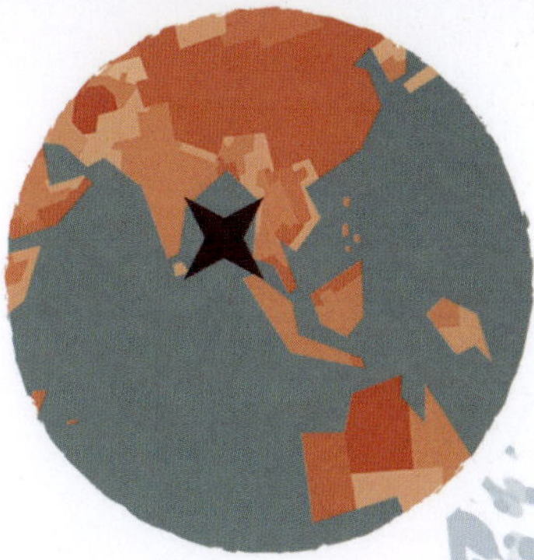

• LA INDIA •

ARCHIPIÉLAGO DE ANDAMÁN, BAHÍA DE BENGALA - SUPERFICIE: APROXIMADAMENTE 60 KM^2

Hasta ahora, no has tenido mucha suerte con las islas misteriosas, pero intentémoslo una última vez. La pequeña isla en la que estás es prácticamente un paraíso, con una estrecha franja de playa rodeada de arrecifes de coral y una densa selva en el centro. ¡Realmente es el lugar perfecto para sentarse y relajarse! Mira, ¡incluso hay una bandada de pájaros que se zambullen en el agua! No, espera… ¡Ésas no son aves! ¡Son flechas listas para atravesarte! ¡CORRE!

Así es, estás en la isla Sentinel del Norte, habitada por entre 50 y 500 sentineleses, una de las tribus más aisladas del mundo. Ignorados por el resto de la civilización durante al menos 55 000 años, y que se remontan a la primera gran migración prehistórica desde África.

Así que no, no tienen televisión ni videojuegos. Sabemos muy poco sobre ellos. Por ejemplo, sabemos que pescan, construyen pequeñas embarcaciones y cabañas y recolectan frutas. A lo largo de los siglos, no ha habido forma de aprender más sobre ellos porque, cada vez que alguien (ya sea un investigador, un explorador o simplemente un curioso) intenta acercarse a la isla, es atacado de inmediato con flechas y hachas de piedra. El contacto amistoso sólo ha ocurrido en contadas ocasiones, pero luego el Gobierno indio dijo: «Bah, mejor dejémoslos tranquilos un tiempo, ¿OK?». Y ahora está prohibido acercarse demasiado.

PROBABLEMENTE PORQUE SON UNA DE LAS TRIBUS MÁS VULNERABLES DEL PLANETA: BASTARÍA UN SIMPLE RESFRIADO PARA ACABAR CON ELLOS POR COMPLETO.

BOSQUE DE HEIZHUGOU

· CHINA ·
PROVINCIA DE SICHUAN, CIUDAD-PREFECTURA DE LESHAN
SUPERFICIE: APROXIMADAMENTE 838 KM²

¿Puedes creer que hay una especie de Triángulo de las Bermudas en medio de un BOSQUE? ¿No? Pues existe. Y está oculto entre la niebla, el bambú gigante y... ¡pandas! **Estamos en China, en lo que se conoce como «el Valle de la Muerte», una inmensa y antigua selva donde ocurren todo tipo de fenómenos extraños, desde inexplicables eventos celestes hasta sucesos geológicos totalmente fuera de control. Desde principios del siglo XX, parece que todo se esfuma en este bosque: animales, objetos y hasta personas.**

Y la niebla es siempre tan densa que los investigadores no han podido explorarlo a fondo. Al menos 60 vehículos han desaparecido aquí sin dejar rastro (incluyendo aviones).

«¡Seguro que es culpa de una maldición!», dicen los teóricos de la conspiración.

«¡Seguro que son alienígenas!», responde otro.

Algunas personas que viven en la zona incluso afirman que una enorme ave con forma de dragón bicéfalo habita este bosque. Pero la explicación más probable es que las desapariciones fueron causadas por una anomalía geomagnética de al menos 60 kilómetros de largo, capaz de volver locas a las brújulas y descontrolar los vehículos. ¿Quién sabe? Por si acaso, siempre mira hacia arriba.

¡No vaya a ser que un enorme dragón estornude sobre tu cuello!

EJÉRCITO DE TERRACOTA

· CHINA ·

Cerca de la ciudad de Xi'an, provincia de Shaanxi

Creado entre el 246 y el 206 a. C.

Imagina que estás en la playa, cavando un hoyo en la arena para hacer un pequeño lago o un pozo. Pero en lugar de encontrar la típica concha rota, descubres uno de los más importantes y misteriosos hallazgos ARQUEOLÓGICOS de la historia.

Eso es, básicamente, lo que les pasó a Yang Zhifa y sus hermanos. El 29 de marzo de 1974, estaban trabajando la tierra para cavar un pozo cuando, de repente, ¡uno de sus picos golpeó algo extraño! ¿Qué encontraron? No uno, no dos, no tres, sino… ¡8000 soldados, 130 carros con 520 caballos y más de 100 caballos de caballería! ¡Y todos de arcilla!

Era el ejército de terracota de Qin Shi Huang, el primer emperador de China. Un tipo que no hizo mucho en vida... Bueno, sólo construyó la Gran Muralla China. Digamos que Huang tenía algo de ego, por eso ordenó que 700 000 trabajadores le construyeran un ejército entero, de tamaño real (pero falso) para su tumba.

¿Por qué?, preguntas. Para conquistar el mundo de los muertos… o quizás sólo para tener compañía en la otra vida. ¡No quería sentirse solo! Los soldados varían en altura según su rango y son extremadamente realistas, con caras diferentes en cada estatua.

Originalmente, estaban decorados con piedras preciosas y pintados con tintes hechos de huesos cocidos, savia de árbol y muchos otros ingredientes.

TUMBA DE GENGIS KAN

· MONGOLIA ·
Ubicación desconocida
Creación: 1227

Llevas días vagando por los interminables prados de Mongolia. «¡Pero mi amigo me dijo que estaba justo aquí! –piensas, desesperado–. ¿O quizás un poco más a la derecha…? ¿O tal vez a la izquierda?». Da igual, te han tomado el pelo y ahora tienes que coger el autobús de vuelta a casa, gastándote toda tu paga. ¡Rayos! Estabas buscando el lugar de entierro del gran líder Gengis Kan y, oops… NADIE sabe dónde está.

Kan no sólo unió a todas las tribus mongolas y túrquicas, también creó el imperio más grande de la historia humana. Desde Siberia hasta Persia, desde China hasta Medio Oriente. Para algunos fue un destructor insaciable de tierras, para otros, un héroe que trajo paz y civilización.

Lo cierto es que, en algún momento, dijo: «¡Basta! Estoy harto de toda esta atención. Cuando muera, ¡que nadie sepa dónde me entierran!». Y así fue.
Según la leyenda, su cuerpo fue llevado a Mongolia por un ejército en duelo, que, en su camino, eliminó a todo el que se cruzó con ellos. Luego, hicieron que mil caballos galoparan sobre la tumba para borrar cualquier rastro.

Algunos dicen que está enterrado en Burkhan Khaldun, una montaña sagrada en la provincia de Khentii, donde nació. Pero hasta ahora, nadie ha logrado encontrarlo, convirtiendo su tumba en uno de los lugares más misteriosos del mundo.

LA CARRETERA MISTERIOSA

· COREA DEL SUR ·

NORTE-CENTRO DE LA ISLA DE JEJU

Imagina que vas por una larga carretera pavimentada con tu familia. La ventanilla del coche está abierta, el viento despeina tu cabello y en la radio suena una canción de *rock*. De repente, PUFF, PUFF, PUFF, el coche se detiene justo al lado de una colina. Ni siquiera tienes tiempo de secar la bebida que derramaste en tus pantalones cuando, de pronto, ¡el coche empieza a moverse solo… y sube la colina!

NO TE PREOCUPES, NO HAY BRUJERÍA DETRÁS DE ESTO. ES SÓLO QUE ESTÁS EN LA CARRETERA MISTERIOSA.

En la isla de Jeju, famosa por su exuberante vegetación y sus Dol Hareubang (figuras de piedra de ancianos), hay una calle, también conocida como Dokkaebi Road, que conecta dos de las principales autopistas y está ubicada en una colina al pie de una gran montaña. Hasta ahí, todo normal, ¿verdad? Bueno…, si viajas de sur a norte y, en algún punto, apagas el coche, ¡éste comenzará a subir la colina por sí solo!

¿Fantasmas? ¿Alienígenas? ¿Campos magnéticos extraños? ¡No! Es sólo una ilusión óptica.

La carretera está inclinada 3 grados hacia abajo, pero el terreno que la rodea es más alto, lo que hace que parezca que va cuesta arriba.

Cada día, se pueden ver filas de coches apagados avanzando solos, lentamente como caracoles…

Para deleite de quienes tienen prisa por llegar al trabajo.

SANTUARIO DE ISE

·JAPÓN·

Ciudad de Ise, prefectura de Mie, región de Kansai

Fundación (según la leyenda): 4 a. C.

¿Sabes cuando construyes un edificio con bloques de juguete y, después de un tiempo, ya no te gusta y decides derribarlo y empezar de nuevo? Bueno, eso es exactamente lo que ocurre en Japón… ¡pero con templos!

El santuario de Ise (también llamado Jingū) es un complejo de muchos santuarios sintoístas. En toda el área hay al menos 125 de ellos (¿quién sabe cuántos bloques harían falta para construirlos todos?), y cada año se celebran más de 1000 rituales. La mayoría están dedicados a la adoración de la diosa del Sol Amaterasu.

El problema es que prácticamente NADIE puede entrar, excepto los sacerdotes y los miembros de la familia real. Tú, sí, tú, que caminas entre los bosques cercanos mientras muerdes un bocadillo, a lo sumo podrás ver unos cuantos tejados de paja detrás de las vallas de madera.

¡Y eso no es todo! Cada 20 años, los templos son destruidos y reconstruidos desde cero, manteniendo el mismo estilo para que no cambien con el paso del tiempo y conserven su prestigio divino.

¿Eso es todo? ¡Por supuesto que no! Espera, ya he perdido la cuenta de los misterios…

Se dice que el santuario de Ise es el hogar del Espejo Sagrado, un espejo de bronce que simboliza la honestidad y la sabiduría, y que es además uno de los tres tesoros sagrados imperiales.

Lástima que sea imposible probarlo... Nadie lo ha visto jamás ni ha conseguido fotografiarlo.

LLANURA DE LOS JARRONES

· LAOS ·
PROVINCIA DE XIANGKHOANG,
BORDE NORTE DE LA CORDILLERA ANNAMITA
CREACIÓN: ESTIMADA ENTRE EL 500 A. C. Y EL 500 D. C.

La otra mañana te hablaron de un lugar fantástico donde viven gigantes muy altos y poderosos, gobernados por un rey llamado Khun Cheung, quien, tras una gran victoria, mandó construir copas gigantescas para disfrutar de todo tipo de bebidas.

Te noto escéptico. «¿¡Gigantes!? ¡Eso es imposible! ¡Nadie lo mencionó en la tele!».

Así que vas a esa tierra misteriosa, pero no encuentras a los supuestos gigantes. Sólo ves enormes jarrones. O… ¿tal vez eran sus enormes copas?

HAS LLEGADO A LA LLANURA DE LOS JARRONES, UN LUGAR LLENO DE ESO PRECISAMENTE: JARRONES CILÍNDRICOS DE ARENISCA, DE ENTRE 50 CM Y 3-4 M DE ALTURA. Descubiertos en 1909, las primeras excavaciones fueron dirigidas por la arqueóloga Madeleine Colani, quien hizo un descubrimiento sensacional: los jarrones no se usaban para comida o bebida, sino como urnas funerarias. Es decir, contenían las cenizas de los muertos.

EN EL CENTRO DE LA LLANURA SE ENCONTRÓ UNA CUEVA UTILIZADA COMO CREMATORIO. Algunos lugareños creen que los jarrones no fueron tallados en piedra, sino creados con elementos naturales como arcilla o azúcar. Otros dicen que decenas de fantasmas deambulan por la llanura durante la noche.

En cualquier caso, hasta hoy, nadie sabe realmente de dónde vinieron.
¡Salud! ¡A nuestra salud!

BIOLUMINISCENCIA MARINA

· MALDIVAS ·

Presente en la mayor parte de las Maldivas, pero especialmente en la isla Vaadhoo, atolón Huvadhu

Arena blanca, arrecifes de coral, aguas cristalinas, mucho nado y buceo cada día. Tal vez POR FIN has encontrado la isla perfecta para un merecido descanso. Y por la noche, todo es aún más mágico. Mira la Luna, mira las… ¿estrellas brillando en la arena?

No te preocupes, esta vez has tenido suerte. No hay fenómenos inexplicables, alienígenas ni cielos invertidos, sólo un fenómeno natural (aunque bastante misterioso) llamado... ¡bioluminiscencia marina!
La bioluminiscencia ocurre cuando los seres vivos emiten luz. Básicamente, generan energía luminosa a través de reacciones químicas especiales. Muchos animales la usan para cazar, asustar a depredadores o conquistar a una nueva pareja.

Lo que estás viendo es un color brillante, fascinante y fosforescente, que sólo puede apreciarse de noche en varios lugares del mundo, como Puerto Rico, la India, Nueva Zelanda y Jamaica. **Pero en las Maldivas, especialmente en verano, el fenómeno es causado por un microorganismo llamado fitoplancton, que es arrastrado a la playa por las olas, creando este increíble espectáculo de luces.**

Nadie sabe con certeza por qué el fitoplancton se ilumina así, pero muchos investigadores con impecables batas blancas creen que sucede cuando estos diminutos organismos chocan entre sí. Agitados por las olas, se estresan tanto que se activa una reacción química, convirtiéndolos en diminutas bombillas de luz.

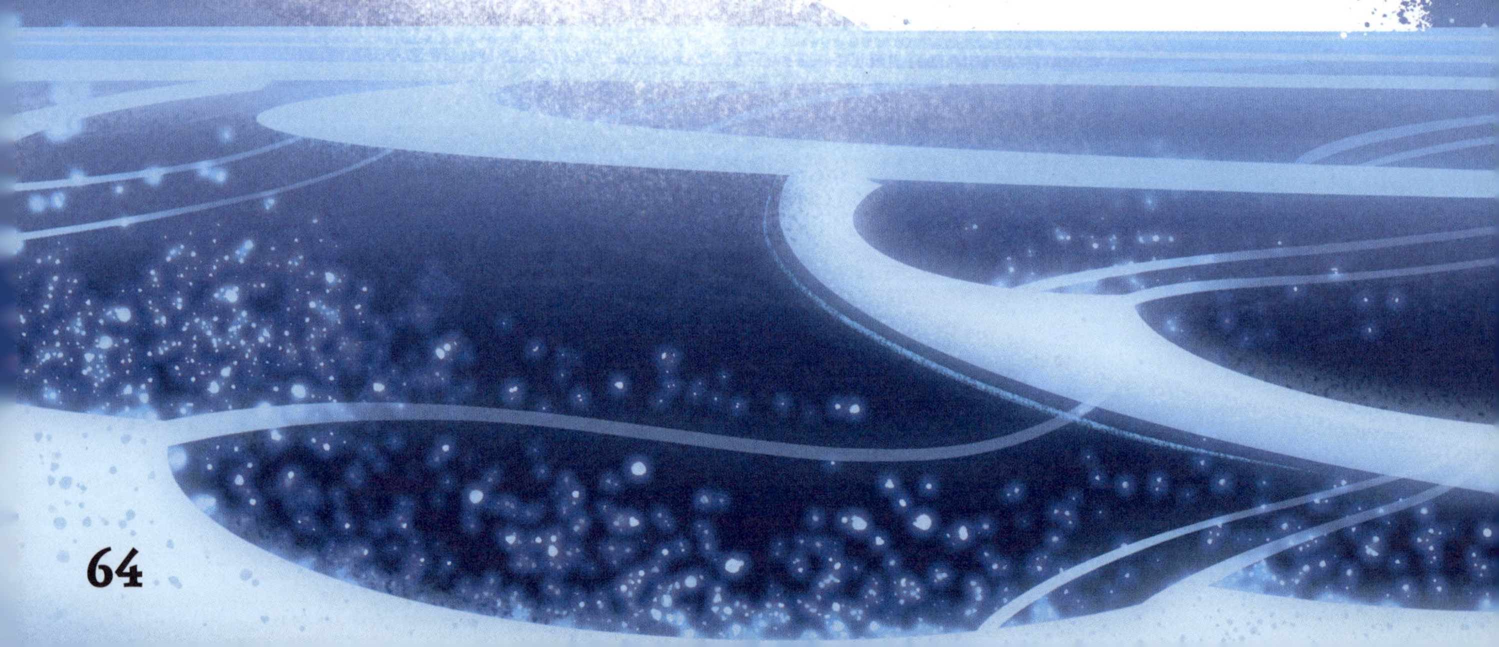

SLOPE POINT

· NUEVA ZELANDA ·
A 24 KM DEL PUEBLO DE WAIKAWA
Y A 70 KM DE LA CIUDAD DE INVERCARGILL

Slope Point es la zona más aislada, salvaje y meridional de toda Nueva Zelanda. Y también resulta ser una de las más encantadas y misteriosas. En Slope Point, gracias a su cercanía con la Antártida (me da frío sólo de pensarlo), los vientos son tan poderosos y violentos que los pocos árboles que han logrado crecer en sus laderas se han enredado entre sí, todos inclinados hacia el norte. Es como si estuvieran a punto de salir volando. Secciones y más secciones de árboles torcidos, tambaleantes, doblados y deformes cubren toda el área.

Y NO, NO SON ÁRBOLES ESPECIALES. SON EXACTAMENTE LOS MISMOS QUE PODRÍAS ENCONTRAR CAMINANDO POR EL RESTO DE NUEVA ZELANDA.

Según la tradición local, se dice que los árboles fueron plantados hace mucho tiempo por los pastores, para alimentar a sus ovejas y tener, de vez en cuando, un refugio contra los elementos. De hecho, entre los árboles hay unas pocas cabañas que todavía usan los agricultores.

Todo es tan inhóspito que, al parecer, sólo unas 60 personas viven en la zona. Es el destino perfecto si quieres pasar un tiempo a solas para meditar…

Siempre y cuando una ráfaga de viento no te haga volar a quién sabe dónde.

MAR DEL DIABLO

· OCÉANO PACÍFICO ·
ENTRE LAS ISLAS DE HONSHŪ, LUZÓN Y GUAM
SUPERFICIE: 1 300 000 KM²

También llamado el Triángulo del Dragón, esta zona es la prima menos conocida del Triángulo de las Bermudas. Y vaya que si son primos, considerando todo lo que tienen en común. Dragones marinos devorando barcos, demonios viviendo en ciudades en el fondo del mar y bases submarinas de EXTRATERRESTRES (¡otra vez ellos!).

SE HAN CONTADO TODA CLASE DE HISTORIAS PARA EXPLICAR LA DESAPARICIÓN DE BARCOS PESQUEROS Y EMBARCACIONES DE INVESTIGACIÓN AQUÍ, ESPECIALMENTE A PRINCIPIOS DE LA DÉCADA DE 1950.

Pero, incluso en este océano, la causa podría ser mucho menos emocionante: quizás sean actividades electromagnéticas que interfieren con los equipos de navegación, o explosiones de volcanes submarinos y gases naturales peligrosos.

DE TODAS FORMAS... ¿QUIÉN QUIERE DARSE UN CHAPUZÓN?

FOSA DE LAS MARIANAS

· OCÉANO PACÍFICO ·

Entre las islas Marianas, Japón, Filipinas y Nueva Guinea
Longitud: 2550 km · Anchura: 69 km
Profundidad máxima: 10 994 m

¿Conoces esa sensación cuando tus amigos te retan a lanzarte a la parte más honda de la piscina, pero no te sientes con ganas y todos empiezan a reírse? Bueno, ahora puedes vengarte de ellos desafiándolos a saltar a la piscina más profunda de todas: ¡LA FOSA DE LAS MARIANAS!
Con forma de media Luna y varios volcanes submarinos, esta fosa es la depresión oceánica más profunda del mundo, alcanzando casi 11 km de profundidad en el abismo Challenger. (¡Eso sí que es un clavado!) Para que tengas una referencia: el monte Everest mide «sólo» 8,8 km.

Por supuesto, muchos aventureros han organizado expediciones con barcos y batiscafos para descubrir qué se esconde en sus profundidades. Pero para explorar por completo un lugar tan misterioso, ¡todavía harán falta muchos años más!
Y eso no es todo. En sus abismos oscuros como la boca de un lobo, existen formas de vida increíbles y extrañísimas, como peces fantasma transparentes, camarones con aspecto alienígena y más.

Una leyenda dice que allí abajo se esconde un megalodón, un tiburón prehistórico de 18 metros de largo y mandíbulas de 2 metros.

LAGO ABRAHAM

· CANADÁ ·

Río North Saskatchewan, provincia de Alberta

Superficie de 53,7 km^2, longitud de 32 km

Parece el paisaje encantado de una película animada o quizás un sueño CURSI provocado por demasiados bocadillos a altas horas de la noche.

Y, sin embargo, estás completamente despierto... ¡Y también muy frío! De hecho, te encuentras en las orillas del lago Abraham, que cada invierno se llena de grandes burbujas atrapadas en el hielo.

Creado en 1972 durante la reconstrucción de la presa Bighorn, el lago alberga numerosas plantas en el fondo, que al descomponerse generan burbujas de metano que quedan congeladas justo debajo de la superficie.

Estas misteriosas esculturas gaseosas se acumulan hasta formar columnas redondeadas: ¡una verdadera delicia para los fotógrafos!

Pero más vale no jugar con esto: el metano es altamente inflamable.

TRIÁNGULO DE LAS BERMUDAS

· OCÉANO ATLÁNTICO ·

ENTRE MIAMI (FLORIDA), PUERTO RICO Y EL ARCHIPIÉLAGO DE BERMUDAS

TAMAÑO: 1 100 000 KM²

En 1840, el barco mercante Rosalie fue encontrado a la deriva, en perfecto estado, pero sin tripulación. ¿El único superviviente? ¡Un canario en su jaula!

ÉSTE ES SÓLO UNO DE LOS ESCALOFRIANTES RELATOS SOBRE ESTA DIMENSIÓN DESCONOCIDA DONDE BARCOS Y AVIONES HAN «DESAPARECIDO» DESDE EL SIGLO XIX HASTA LA ACTUALIDAD.

El escritor Charles Berlitz culpaba a los ovnis (¡otra vez ellos!), irritados porque los humanos cruzaban «su» zona de vuelo. Otros han señalado como culpables a: monstruos marinos, un portal a otra dimensión y rayos ardientes lanzados desde la legendaria ciudad sumergida de la Atlántida.

LA VERDAD ES QUE PROBABLEMENTE TODO SE DEBA A TORMENTAS, ERRORES HUMANOS O MALA SUERTE...

ÁREA 51

• EE. UU. •

Desierto de Nevada, a 200 km de Las Vegas

Construida en 1955

Si decides dar un paseo por la Carretera Extraterrestre (no olvides tu protector solar), entre las millas 29 y 30 te encontrarás con un camino de tierra en medio de la nada. Sudor en la frente, tus zapatos favoritos cubiertos de polvo, sin señal de móvil y, tal vez, la visión fugaz de un objeto volador extraño.

No te preocupes, no es tu imaginación. Simplemente estás cerca de una base aérea con muchos nombres, pero uno destaca sobre todos: Área 51.

El Ejército utilizó este lugar remoto para pruebas nucleares antes de convertirlo en un centro de desarrollo y pruebas de aviones espía ultrarrápidos durante la Guerra Fría. Todo, por supuesto, en el más absoluto secreto. Al menos hasta 1989, cuando un tal Robert Lazar dejó escapar en televisión que allí se estudiaba tecnología alienígena. Desde entonces, la base se ha convertido en el paraíso de los teóricos de la conspiración: pistolas láser, el platillo volador que se estrelló en Roswell en 1947, extraterrestres y humanos tomando café juntos y comentando partidos de fútbol.

Los rumores han sido desmentidos, pero hasta el día de hoy nadie sabe realmente qué ocurre allí.

Es un lugar envuelto en misterio que sigue atrayendo turistas, festivales temáticos y personas disfrazadas de alienígenas cada año.

PIEDRAS DESLIZANTES DE RACETRACK PLAYA

• EE. UU. •

PARQUE NACIONAL DEL VALLE DE LA MUERTE, CALIFORNIA

DOCUMENTADO POR PRIMERA VEZ EN 1948

Empiezas a sentir que te están siguiendo. Sin embargo, estás completamente solo aquí. Sólo un enorme lago seco sin señales de vida. Entonces..., ¿cómo es posible que esa roca no esté donde la viste antes? ¡Y esa otra! ¡Y aquélla también! No te asustes, ¡esas piedras no quieren secuestrarte! **NO TE PREOCUPES, ES SÓLO QUE ESTÁS JUSTO EN EL CORAZÓN DE RACETRACK PLAYA, EL ÚNICO DESIERTO DEL MUNDO DONDE LAS ROCAS SE MUEVEN SOLAS. DURANTE DÉCADAS, SU MISTERIOSO MOVIMIENTO FUE UNO DE LOS GRANDES ENIGMAS DE LA TIERRA. NO ES COMÚN VER PIEDRAS DE HASTA 300 KG DEJANDO LARGAS ESTELAS O ZIGZAGUEANDO SIN RAZÓN APARENTE.**

Los investigadores que estudiaron el fenómeno se divirtieron poniéndoles nombres graciosos a las piedras, mientras que los teóricos de lo sobrenatural y los entusiastas de los ovnis ya afilaban sus lápices. Pero la verdad es más sencilla de lo que parece, como una receta de cocina:

- *Se necesitan 7 cm de lluvia para que el agua se congele durante la noche, formando capas de hielo de entre 3 y 6 mm que dejan las piedras al descubierto.*
- *Luego, hay que esperar a que el calor matutino del Sol rompa el hielo en pequeños trozos.*
- *El viento mueve el hielo y las misteriosas piedras a una velocidad de aproximadamente 1 m/s, generando las famosas huellas.*

¡UNA VERDADERA FUERZA DE LA NATURALEZA!

MINA DE NAICA

· MÉXICO ·

PUEBLO MINERO DE NAICA, ESTADO DE CHIHUAHUA
ENTRE 120 Y 300 METROS DE PROFUNDIDAD

Podrías pensar que estás en la Fortaleza de la Soledad de Superman, el lugar donde nuestro héroe descansa después de poner en su sitio a los villanos, pero estás muy equivocado. En realidad, te encuentras a 300 metros bajo tierra, en la Cueva de los Cristales, rodeado de gigantescos cristales de selenita.
Su nombre proviene del griego y significa «piedras lunares». Estas colosales estructuras pueden alcanzar los 11 metros de altura y han estado formándose durante 26 millones de años, sumergidas en aguas ricas en minerales.
ES HERMANA DE LA CUEVA DE LAS ESPADAS, DESCUBIERTA EN 1910 A 120 METROS DE PROFUNDIDAD, PERO ESTA CAVERNA MAYOR FUE HALLADA EN EL AÑO 2000 POR DOS HERMANOS MINEROS, QUIENES LA APODARON «LA CAPILLA SIXTINA DE LOS CRISTALES». LÁSTIMA QUE TAMBIÉN SEA UNO DE LOS LUGARES MÁS PELIGROSOS DEL PLANETA.

Con temperaturas de hasta 60 °C (140 °F) y una humedad del 100%, los investigadores deben usar trajes refrigerados y respiradores, ya que, de lo contrario, quedarían cocidos en menos de diez minutos.
DURANTE AÑOS, ENORMES BOMBAS EXTRAJERON EL AGUA DE LAS CUEVAS, HASTA QUE FUERON APAGADAS PARA PERMITIR QUE LOS CRISTALES SIGUIERAN CRECIENDO...

... SUMERGIENDO LA MINA EN EL MISTERIO UNA VEZ MÁS.

ISLA DE LAS MUÑECAS

· MÉXICO ·

Laguna de Tequila, en los canales de Xochimilco, a una hora y media del embarcadero de Cuemanco

Estás a bordo de una embarcación tradicional llamada TRAJINERA, rodeado por una laguna salvaje y exuberante. A tu alrededor, las antiguas chinampas (islas artificiales utilizadas para la agricultura) flotan sobre el agua, mientras algunas aves de colores surcan el cielo. Pero entonces notas algo colgando de un árbol… ¿Es una muñeca?

En realidad, no es sólo una. Empiezas a contar: una, dos, cinco, diez... ¡son demasiadas! Toda la isla está llena de muñecas viejas, sucias y polvorientas, cubiertas de telarañas y, en muchos casos, sin brazos ni piernas. Parece la escena de una película de terror de esas que intentaste ver a escondidas cuando eras niño. Pero esta isla es real: se llama Isla de las Muñecas y perteneció a don Julián Santana Barrera, un agricultor, predicador y algo ermitaño.

La leyenda cuenta que una niña se ahogó cerca de su hogar y que él no pudo salvarla. Al día siguiente, encontró una muñeca flotando en el mismo lugar donde ella murió. ¿Sientes escalofríos? Convencido de que el espíritu de la niña lo atormentaba, decidió colgar la muñeca en un árbol, con la esperanza de calmarla.

Y para asegurarse de que el espíritu descansara en paz, reunió más y más muñecas... hasta coleccionar miles de figuras inquietantes. Los lugareños incluso llegaron a pensar que cultivaba la tierra sólo para alimentarlas.

En 2001, Barrera fue encontrado sin vida en el agua, en el mismo lugar donde aquella niña se había ahogado años atrás…

Da escalofríos, ¿verdad?

ISLA DE LAS SERPIENTES

· BRASIL ·

A 35 km de la ciudad de Peruíbe, estado de São Paulo
Tamaño: 43 hectáreas

El verano es maravilloso, sobre todo cuando se disfruta en las idílicas costas de una isla tropical: agua cristalina, un zumo de frutas con una sombrillita y… ¿miles de serpientes? Parece que la agencia de viajes cometió un error garrafal y te envió a la isla de Queimada Grande, conocida por albergar unas 4000 SERPIENTES, incluyendo pitones, cobras y otras criaturas reptantes dignas de una pesadilla.

En resumen, un escenario de película de terror donde ni siquiera abandonarías al compañero de clase que te robó la merienda.

Éste es considerado uno de los lugares deshabitados más peligrosos del mundo, en gran parte debido a la presencia de unas 2000 serpientes cabeza de lanza dorada, una especie de víbora endémica de la isla y auténtica estrella del lugar, gracias a su **veneno letal**.

Hoy en día, los pescadores disfrutan contando historias escalofriantes sobre la isla: algunos afirman que es un escondite alienígena (¡ellos otra vez!), mientras que otros sostienen que los piratas liberaron las serpientes allí para proteger su valioso tesoro.

¿Quién sabe qué más oculta esta isla? Por ahora, lo único que importa ponerse a salvo.

POZO ENCANTADO

• BRASIL •

Parque Nacional de Chapada Diamantina, cerca del pueblo de Andarai

Profundidad: 65 m

¿Te gustaría visitar un lugar misterioso pero sin sorpresas extrañas o peligrosas, como serpientes, relámpagos ensordecedores, mares de la dimensión desconocida, muñecas aterradoras o ALIENÍGENAS?

De acuerdo, esta vez te daré un respiro y te llevaré a conocer el legendario Pozo Encantado. Imagina que es 1940 y eres un cazador brasileño en busca de presa. De repente, te topas con una gran grieta en el suelo.

Y, por supuesto, piensas: «¡Qué grieta tan genial! Seguro que hay animales escondidos ahí. ¡No puedo esperar a contárselo a mis amigos!». Bueno… no quiero arruinarte la emoción, pero en realidad no había ni rastro de algo que cazar. Sólo una cueva con un estanque de ensueño que había permanecido en secreto durante miles de años.

Para llegar allí, primero hay que descender un largo tramo y luego seguir un sendero donde es mejor sujetarse a las cuerdas de seguridad (más vale prevenir). Pero una vez que llegues, entenderás por qué esta gruta es tan famosa: su agua azul intensa y cristalina la convierte en un verdadero lugar encantado.

Entre abril y septiembre, la luz entra en la cueva y permite ver con total claridad las piedras en el fondo del estanque, a una profundidad de unos 60 metros.

¿Ha disfrutado tus vacaciones?

Bien, pero no te acomodes demasiado.

Nuestro próximo destino es todo un espectáculo eléctrico.

EL RAYO DE CATATUMBO

·VENEZUELA·

La desembocadura del río Catatumbo. Sur y oeste donde desemboca en lago de Maracaibo

Durante 140-160 noches al año, ocurre un evento verdaderamente ELECTRIZANTE (y no en el sentido de «emocionante», sino en el de que, si te alcanza, tu cabello quedará como el de un científico loco): un grupo de nubes tormentosas genera relámpagos durante unas 10 horas al día. Conocido localmente como el Relámpago, este fenómeno produce rayos continuos, la mayoría dentro de las nubes, que pueden verse a cientos de kilómetros de distancia.

Para que te hagas una idea: se generan alrededor de 1 176 000 descargas eléctricas al año con una intensidad de hasta 400 000 amperios.

Con esa cantidad de energía, la tostada con queso que estabas preparando se reduciría a polvo en un instante. En 1841, el geógrafo italiano Agustín Codazzi lo describió como una especie de faro natural para los marineros, y de hecho, durante siglos ha sido llamado el «faro de Maracaibo».

Pero, ¿por qué se generan todos estos rayos? La respuesta es sencilla: las tormentas se forman cuando los vientos atraviesan el lago y chocan con las montañas circundantes. La humedad y el calor generan electricidad, y cuando las masas de aire se encuentran con la cordillera, se desestabilizan... ¡con un estruendo! A pesar de su apariencia impresionante, no es un fenómeno tan peligroso.

De hecho, los aviones con destino a Maracaibo cruzan esta zona todos los días como si nada.

SALINAS DE UYUNI

· BOLIVIA ·

Ubicadas en la provincia de Daniel Campos, cerca de la ciudad de Uyuni

Superficie: 10 582 km^2

Últimamente, la sal de mesa te parece insípida. No puedes dormir por las noches, se ha convertido en tu obsesión. Necesitas algo más emocionante para sazonar tu pasta. Así que decides emprender un largo viaje, hasta que llegas frente a un espejismo lleno de flamencos, cactus, islas, ruinas incas y géiseres a 3650 metros de altitud.

Estás en las salinas de Uyuni,
en el altiplano andino,
el mayor desierto de sal del planeta.

Con 10 000 millones de toneladas de sal, este lugar fue parte de un lago prehistórico llamado Minchin que, con el tiempo, se evaporó, dejando dos lagos y dos desiertos salinos (¿cuántas veces he mencionado la sal?).

La sal (otra vez) lo cubre todo con una costra de varios metros de grosor, creando una superficie casi perfectamente plana que, en temporada de lluvias, refleja el cielo y hace que los todoterrenos locales parezcan volar en el aire. Este sitio está lleno de leyendas.

Una de ellas cuenta la historia de Tunupa, una hermosa joven cuyo mayor defecto era hacer que todos los hombres se enamoraran de ella. Llenas de celos, las demás mujeres decidieron hacer desaparecer a su hija. Desconsolada, Tunupa nunca dejó de llorar, inundando los campos y volviendo la tierra estéril: así nació el desierto de sal.

Los incas, por su parte, creían que bajo la sal se escondían los ojos de salar, enormes pozos que devoraban caravanas enteras.

EL OJO, LA ISLA GIRATORIA

· ARGENTINA ·

DELTA DEL PARANÁ, PROVINCIA DE BUENOS AIRES

DIÁMETRO: 120 METROS

Después de una caminata revitalizante, decides detenerte en un lugar agradable para hacer un pícnic. Pero ni siquiera tienes tiempo de darle un mordisco a tu sándwich cuando el suelo comienza a moverse misteriosamente, haciéndote sentir como SI TODO DIERA VUELTAS. Puedes despedirte de tu descanso relajante, pero al menos ahora sabes dónde estás. Estás en el Ojo, la extraña isla giratoria.

SE TRATA DE UNA PEQUEÑA ISLA CIRCULAR DESHABITADA, UBICADA EN UN LAGO HELADO LIGERAMENTE MÁS GRANDE. LO CURIOSO DEL OJO ES QUE NUNCA DEJA DE GIRAR SOBRE SU EJE, DÁNDOLE LA APARIENCIA DE UN ENORME OJO OBSERVANDO TODO A SU ALREDEDOR.

La primera imagen satelital data de 2003, pero este círculo de tierra saltó a la fama poco después gracias al director argentino Sergio Neuspiller, quien estaba buscando un lugar para rodar una película sobre fenómenos paranormales.

Cuando descubrió la existencia de la isla, abandonó su proyecto original y decidió hacer un documental para demostrar que el Ojo es…, sí, una base alienígena, una plataforma de aterrizaje para ovnis y otras cosas por el estilo (otra vez ellos).

Algunos investigadores afirman que la isla se mueve debido a grandes pozos naturales que generan corrientes de agua. Este flujo, junto con la erosión causada por el agua fría, ha moldeado la isla hasta darle su forma de disco casi perfecto, similar a algunos glaciares redondos que ya han sido estudiados.

En cualquier caso, lo mejor es admirarla mientras dure, porque la erosión podría hacerla cada vez más pequeña... hasta que desaparezca para siempre.

LÍNEAS DE NAZCA

· PERÚ ·

Desierto de Nazca, teóricamente creadas entre el 300 a. C. y el 500 d. C.

Superficie: 753/584/700 m²

Después de una larga siesta, te despiertas con la esperanza de disfrutar tus merecidas vacaciones rodeado de palmeras y aguas cristalinas… Error. La agencia de viajes debe haber cometido otro desastre y aquí estás, a bordo de un avión sobre una meseta árida. Mira hacia abajo, ¿qué ves? Montones y montones de dibujos. No, no los garabatos que tus compañeros rayaban en el pupitre. Éstos son geoglifos creados por el pueblo nazca en tiempos antiguos, perfectamente conservados hasta hoy gracias al clima seco y sin viento.

A los habitantes de Nazca les encantaba el arte tanto que, durante siglos, crearon 13 000 líneas y más de 800 figuras de animales, entre ellas ballenas, loros, colibríes, monos y otros amigos, algunas con longitudes de entre 45 y 180 metros.

Para hacer este trabajo, parece que primero diseñaban los dibujos en pequeña escala y luego, subiendo a las montañas cercanas, los ampliaban con la ayuda de cuerdas. Después, barrían los guijarros rojizos de la superficie del desierto, dejando expuesta la arena blanca.

¿Eran mensajes para los dioses? ¿Un calendario astronómico? ¿Marcadores en el camino para los peregrinos? Tal vez sirvieron para canalizar agua hacia los cultivos… o quizás eran pistas de aterrizaje para naves extraterrestres (sí, leíste bien).

En cualquier caso, disfruta la vista.

MACHU PICCHU

· PERÚ ·

URUBAMBA, DEPARTAMENTO DE CUSCO

QUEBRADA DE PICCHU, PROVINCIA DE URUBAMBA, CONSTRUIDA ALREDEDOR DEL AÑO 1440, ALTITUD: 2430 M

Mientras caminas entre los Andes y la selva amazónica, rodeado de niebla, junglas vírgenes y paisajes impresionantes, una llama te observa fijamente… y probablemente piensa que deberías hacer más ejercicio.

Básicamente, estás en Machu Picchu, la ciudad más emblemática del Imperio inca.

Construida por el primer emperador, Pachacútec, entre dos picos y sobre el valle del turbulento río Urubamba, fue habitada hasta la conquista española en 1532. Luego, quedó abandonada y olvidada por siglos, hasta que en 1911 el historiador Hiram Bingham la redescubrió y la dio a conocer al mundo.

Entre 300 y 1000 personas vivieron en la ciudad, todas ellas miembros de un GRUPO DE ÉLITE dentro de la corte del emperador. Machu Picchu estaba dividida en áreas agrícolas y urbanas, con al menos 172 edificaciones, entre templos, viviendas, escuelas y observatorios. Muchos estudiosos creen que Machu Picchu era una especie de «residencia de invierno» para el gobernante, quien buscaba disfrutar de su clima templado. Otros sostienen que fue un importante centro religioso, astronómico o militar.

Pero ¿cómo lograron construir una ciudad tan compleja sin hierro, acero, cemento ni ruedas? ¿Y por qué fue abandonada, si los conquistadores prácticamente ignoraron la zona?

Lamentablemente, los incas no tenían un sistema de escritura y nadie nos dejó un diario secreto que nos ayude a descubrir la verdad.

ISLA DE PASCUA

·CHILE·
Región de Valparaíso, océano Pacífico
Construida entre 1250 y 1500 d. C.

El año es 1722 y navegas por el océano Pacífico a bordo de tres barcos holandeses. Eres el almirante Jacob Roggeveen y, entre sopas insípidas y otro marinero más con mareo, divisas una isla a unos 3750 km de la costa chilena.

—¡Qué hermoso! ¿Cómo la llamamos? –pregunta el joven marinero, con el rostro todavía verde por el mareo.

—Mmm…, bueno, hoy es Domingo de Pascua. La llamaremos isla de Pascua.

Al desembarcar, descubres no sólo que está habitada por una población indígena, sino que sus costas están llenas de figuras humanas MONOLÍTICAS, que alcanzan hasta 10 metros de altura y pesan hasta 80 toneladas.

CON ENORMES NARICES Y CEJAS GRUESAS, ESTAS ESCULTURAS DE ROSTRO ALARGADO Y EXPRESIÓN SERIA NUNCA SONRÍEN.

Llamadas moái, fueron talladas en las canteras de toba volcánica del volcán Rano Raraku y del cráter Puna Pau. Muchas llevan tocados, taparrabos y, a menudo, en sus espaldas se encuentran inscripciones en rongo rongo, un lenguaje aún sin descifrar.

PUEDEN REPRESENTAR A LOS ANCESTROS, EL CONTACTO CON ALIENÍGENAS DE ALTA TECNOLOGÍA O ANTIGUAS DEIDADES LOCALES.

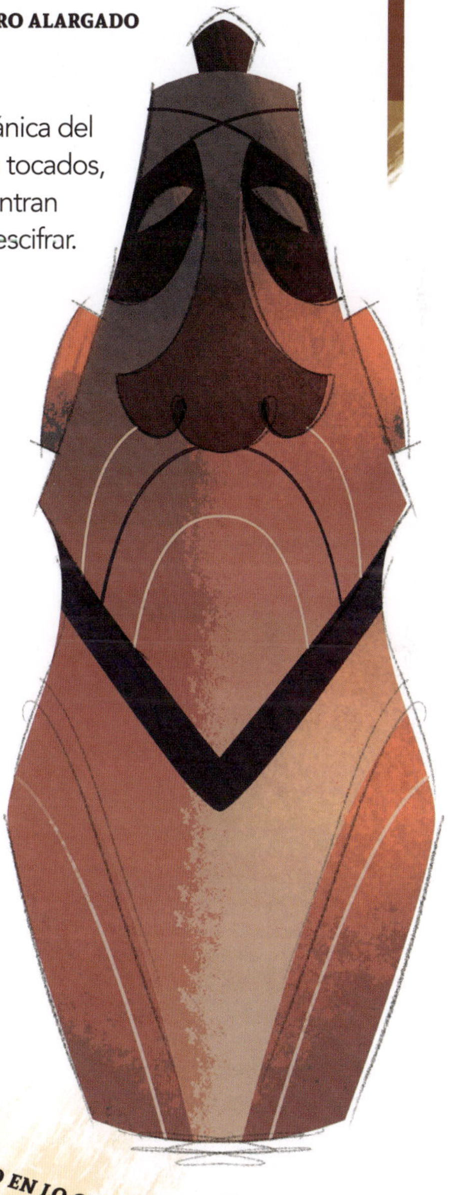

ALGO EN LO QUE TODOS COINCIDEN ES QUE TRAEN BUENA SUERTE: DE HECHO, MIRAN HACIA EL INTERIOR DE LA ISLA, NO HACIA EL OCÉANO, PARA PROTEGER A SUS HABITANTES.

AUTOR

Brian Freschi ha trabajado en teatro y en el ámbito científico, pero en los últimos años se ha adentrado en el mundo editorial, creando narrativas envolventes para el público juvenil italiano e internacional. Ya es autor de varios cómics publicados en múltiples idiomas y también imparte clases de guion de cómic en la Accademia TheSign de Florencia, Italia.

ILUSTRADOR

Domenico Russo es ilustrador y artista conceptual, con experiencia adicional como diseñador de escenarios y localizaciones para diversas producciones animadas. Estudió animación en la Nemo Academy de Florencia y en la Stephen Silver Drawing Academy de Los Ángeles. Actualmente, enseña diseño de escenarios y composición 2D.

Puedes consultar nuestro catálogo en www.picarona.net

Los 50 lugares más misteriosos del mundo

Título original: *The 50 most mysterious places ever*

Texto: *Brian Freschi*
Ilustraciones: *Domenico Russo*
Diseño gráfico: *Valentina Figus*

1.ª edición: noviembre de 2025

Traducción: *Ediciones Oblelisco*

ISBN: 978-84-9145-865-4
DL B 10621-2025

Printed in China